# Rosen

ROSACEAE

## Wohltuendes aus der Natur

tosa

# INHALT

# Vorwort

Während meiner Ausbildung zur Kräuterpädagogin steckte ich mitten in einer tiefen Lebenskrise. Gerade in dieser Zeit spürte ich die enge Verbindung zur Rose sowie ihre heilsame Kraft. Das Verarbeiten von Rosenblüten hob mich über meine Alltagsprobleme hinweg und half mir, die Schwierigkeiten aus einem anderen Blickwinkel zu sehen und gelassener damit umzugehen.

„Eine Rose ist eine Rose ist eine Rose" – so schrieb Getrude Stein 1913 in einem Gedicht. Diese einfachen Worte drücken für mich aus, dass die Rose etwas Besonderes ist und nicht mit Worten beschrieben werden kann. Die Rose ist die Königin der Blumen und Sinnbild für Weisheit, Liebe, Vollkommenheit und Schönheit. Zu keiner Blume haben die Menschen ein innigeres Band geknüpft. Ihre Ausstrahlung durch

ihren Duft und ihren Blütenflor berührt unsere Gefühlsebene tief und kaum jemand kann sich ihrem Charme entziehen. Es ist schon unendlich viel über die Rose geschrieben, gedichtet und gesungen worden, aber man kann immer noch etwas hinzufügen und neu entdecken. Lassen Sie sich bei der Lektüre des Büchleins faszinieren und dazu anregen, dem geheimnisvollen Zauber der Rose selbst näherzukommen.

# Steckbrief

**Wissenschaftlicher Name:**
*Rosa canina* (Wildrose)

**Andere Namen:**
Heckenrose, Hagrose, Hundsrose, Feldrose, Frauenrose, Hagedorn, Heidedorn, Mariendorn

**Familie:**
Rosengewächse (*Rosaceae*)

**Verwendete Pflanzenteile:**
Blütenblätter und Früchte

**Sammelzeit Blüten:**
Ende Mai bis August

**Sammelzeit Früchte:**
Ab Ende September bis Mitte November (vor dem ersten Frost)

**Die wichtigsten Inhaltsstoffe:**
In den Blütenblättern sind vor allem ätherische Öle, Gerb- und Bitterstoffe sowie Flavonoide enthalten. In den Früchten, den Hagebutten, stecken viele wertvolle Wirkstoffe: viel Vitamin C,

Vitamin A, B, E und K, Anthozyane, Karotinoide, Mineralien (Eisen, Magnesium, Natrium), ätherische Öle, Lezithin, Vanillin und Fruchtsäuren.

**Medizinische Anwendung:**
Rosenblüten wirken stimmungsaufhellend, zusammenziehend, blutreinigend, entzündungshemmend und wundheilungsfördernd. Hagebutten stärken das Immunsystem, wirken schwach abführend sowie harn- und schweißtreibend. Neuerdings setzt man auch Hagebuttenpulver aus der ganzen getrockneten Frucht zum Lindern von Schmerzen bei Gelenkrheumatismus ein.

**Planetenzugehörigkeit:**
Die Venus als Göttin der Liebe, der Sinnlichkeit und der Schönheit ist der Rose zugeordnet. Sie symbolisiert Fruchtbarkeit und Geburt, verkörpert aber nicht nur das Weibliche, sondern zeigt auch sehr eindrucksvoll männliche Charaktereigenschaften. Die hochroten Hagebutten und die zahlreichen Stacheln deuten auf eine enge und innige Beziehung zum Mars hin.

# Einleitung

Die Rose versinnbildlicht auf besondere Weise die Liebe – einerseits in ihrer göttlichen Barmherzigkeit und andererseits in der irdischen Lustbarkeit. In der Antike war sie den sinnlichen Göttinnen Aphrodite, Venus, Artemis und Kybele geweiht. Die griechische Dichterin Sappho schrieb um 600 v. Chr.: „Es erröten wie die Mädchen nun die Hecken, seht nur hin. Oh, die Rose, ach, die Rose ist der Blumen Königin!“

Bei so viel Lobpreis und Empfindung für eine Pflanze hielt die Rose schließlich auch Einzug in die christliche Heilssymbolik. Zunächst als Sinnbild für die Märtyrer wurde sie in der Gotik zum Attribut der Muttergottes. Beliebtes Motiv in der Malerei jener Zeit war die Maria im Rosengarten oder die Madonna im Rosenhag. Als innigsten Ausdruck der Verbundenheit zur

Rose fand der Rosenkranz Einzug in die christliche Gebetstradition. Nach der Legende offenbarte Maria dem heiligen Dominikus dieses Gebet während eines Traums. Die drei Geheimnisse des Rosenkranzes – Glaube, Hoffnung und Liebe – passen wunderbar zur Rose.

Zudem galt die Rose als Symbol der Verschwiegenheit. *„Sub rosa dictum"* hieß es einst, denn was „unter der Rose gesprochen" wurde, blieb geheim. Deshalb findet man sie (aus Stuck geformt oder Holz geschnitzt) vor und in Ratsstuben oder oberhalb von Beichtstühlen. Auch Geheimbünde wie die Freimaurer oder Rosenkreuzer trugen die Rose als Zeichen der Verschwiegenheit.

Sehr häufig begegnet uns die Rose auch in Sagen und Märchen. Die Rose begleitet den Menschen in Freude und Leid, sowohl die Liebenden als auch die Trauernden tragen Rosen zu ihren Liebsten.

# Vorkommen

Niemand weiß genau, seit wann es Rosen gibt! Man vermutet, dass die ersten von ihnen vor ca. 25 Millionen Jahren in China gewachsen sind – womit die Rose zu den ältesten Wild- und Kulturpflanzen überhaupt zählt. Heute gibt es über 3000 verschiedene Wildrosenarten, die hauptsächlich auf der Nordhalbkugel beheimatet sind. Sie ist in ganz Europa zu finden, nur die nördlichsten Gebiete meidet sie. Die Heckenrose *(Rosa canina)* gedeiht an sonnigen und freien Standorten. Besonders wohl fühlt sie sich an Feldrainen, Straßenrändern, Trockenrasen, Waldrändern sowie im alpinen Raum bis ca. 1200 Meter. Sie liebt Wind und Sonne, um ihre volle Blütenpracht zu entfalten.

Die Rose ist Namensgeberin für eine ganze Pflanzenfamilie *(Rosaceae)*, zu der auch unsere bekanntesten Obstsorten wie Apfel, Birne und Kirsche gehören, die sich durch einen hohen Gehalt an Gerbstoffen auszeichnen.

Viele Rosengewächse sind Gehölze. Die typischen Merkmale der sommergrünen Wildrose sind biegsame Zweige, Blüten mit 5-zähligen Blütenblättern, die stets

strahlenförmig angeordnet sind, wechselständig, gefiederte Blätter mit Nebenblättern sowie Stacheln an Stamm, Ästen und Zweigen. Weltweit gibt es über 200 Arten der Hundsrose. Sie ist die Urmutter aller Rosen. Aufgrund ihrer Attraktivität gibt es über 30 000 Zuchtformen und ständig kommen neue Züchtungen hinzu. Die häufigsten Farben sind Rottöne in allen Schattierungen, gelb und weiß. Für arzneiliche Zwecke verwendet man ausschließlich Wildrosen oder alte Rosensorten.

# Ernte und Aufbewahrung

Rosenblüten sollten nur an warmen, sonnigen Tagen, am besten am späten Vormittag, von Mai bis August geerntet werden. Denn später am Tag verdunsten die ätherischen Öle und bilden eine Art Hitzeschutz für die Blüte. Die Hauptsammelzeit ist von Ende Mai bis Juni oder Juli.

Die Hagebutten (Scheinfrüchte), die sich aus einmalblühenden Rosenblüten entwickeln, sammelt man gut ausgereift im späten Herbst, bevor der Frost kommt.

Die Hagebutten waschen, mit einem Messer Blüten- und Stielansatz entfernen und eventuell halbieren, damit sie schneller trocknen.

Sowohl die Rosenblüten als auch die Hagebutten sollten nach der Ernte – sofern Sie sie nicht unmittelbar frisch verwenden – zügig bei maximal 40 °C getrocknet werden. Achten Sie darauf, dass sich dabei die Farbe nicht ins bräunliche verändert! Am besten kühl und dunkel in Schraubgläsern aufbewahren.

## Wichtig

Grundsätzlich eignen sich für die Verwendung in der Küche, Heilkunde oder Kosmetik alle frischen, ungespritzten, unbehandelten Wild- und Duftrosen – am besten aus dem eigenen Garten oder der Natur. Niemals aus dem Blumenladen!

# VERWENDUNGSMÖGLICHKEITEN

Die Vielseitigkeit der Rose als Zierpflanze ist unübertroffen. Ob als Solitärpflanze, Beeteinfassung, Bodendecker oder Kletterrose: Sie ist in jedem Garten eine Augenweide, die uns inspiriert und verzaubert. Ihre ätherischen Öle mit über 400 unterschiedlichen Bestandteilen macht sie auch als Duftpflanze zu etwas ganz Besonderem. Denn ihr überaus harmonischer, feiner Duft berührt unser Herz und schmeichelt unserer Seele. Kein Wunder also, dass die Rose in diesem Bereich nach wie vor eine wesentliche Rolle spielt – sowohl bei der Herstellung von Parfüm, Seifen, Badezusätzen, Massage- und Aromatherapieölen sowie zahlreichen anderen Produkten als auch bei der Aromatisierung von Lebensmitteln.

In der Kräuterküche werden vor allem die Blütenblätter der Rose geschätzt, mit deren Hilfe sich der liebliche Duft und das feine Aroma auf vielfältige Weise einfangen und bei der Zubereitung von Speisen nutzen lassen.

Zwar gerät es häufig in den Hintergrund, aber auch in der Hausapotheke hat die Rose einen festen Platz, was die Kür der Damaszenerrose zur Heilpflanze des Jahres 2013 zusätzlich unterstreicht. Hier finden insbesondere die Blütenblätter der Wildrosen sowie der alten Rosensorten Verwendung. Aber auch die Hagebutten enthalten sehr viel Vitamin C und Mineralstoffe, während die Samen („Kernle“) wassertreibend und steinlösend wirken.

# Rosen für die Gesundheit

Ihrer Schönheit und ihrer duftenden Blüten wegen wird die Heilkraft der Rose häufig übersehen. Dabei wurde sie bereits in der Antike medizinisch genutzt und von allen großen Heilkundigen geschätzt. Hildegard von Bingen beispielsweise beschreibt ihre erfrischende Wirkung für die Augen sowie ihre wohltuende Wirkung bei Krämpfen und Geschwüren. Aber auch wegen ihrer wundheilungsfördernden und stimmungsaufhellenden Wirkung erfreute sie sich als Heilpflanze großer Beliebtheit.

## Rosentee

Dieser Aufguss empfiehlt sich zur Beruhigung von Herz und Nerven, zur Harmonisierung bei Stress und zur Stärkung des allgemeinen Wohlbefindens. Trinken Sie 3-mal täglich eine Tasse nach dem Essen. Als Beigabe zu Teemischungen verschafft er Linderung bei Durchfall, Schlafstörungen sowie Magen- und Menstruationskrämpfen.

**Zubereitung:**
1 TL getrocknete Blütenblätter mit 200 ml kochendem Wasser übergießen. 7 Minuten bedeckt ziehen lassen und abgießen.

### Zur äußeren Anwendung

Rosenblütentee lässt sich auch wunderbar zum Spülen des Mund-/Rachenraumes, zum Tränken von Kompressen sowie als kühlende Auflage bei geschwollenen Augen oder kleinen Brandwunden einsetzen. Für die äußere Anwendung den Aufguss 15 statt 7 Minuten bedeckt ziehen lassen.

# Hagebuttentee

Sie wollen Ihr Immunsystem stärken? Dann trinken Sie mehrere Wochen lang 3-mal täglich eine Tasse Hagebuttentee!

**Zubereitung:**

1. 2–3 TL getrocknete Hagebutten mit 250 ml kaltem Wasser übergießen. Über Nacht ziehen lassen.
2. Am nächsten Tag das Einweichwasser samt Früchten zum Kochen bringen und abgießen.
3. Den Tee mit ein wenig Honig süßen und warm trinken.

# „Kernlestee"

Der Tee aus den kleinen, von Haaren befreiten Hagebuttensamen ist bekannt als „Kernlestee". Er hat ein wunderbares Vanillearoma und eignet sich hervorragend zur Durchspülung bei rheumatischen Erkrankungen und Blasen-Nieren-Leiden. Dazu 3 bis 4 Wochen lang 3-mal täglich 1 Tasse trinken.

**Zubereitung:**

1. Pro Tasse 1 TL Hagebuttensamen 30 Minuten in Wasser kochen.
2. Anschließend abgießen.

# Gurgeltee

Dieser Tee verschafft Linderung bei Halsschmerzen. Bis zur Besserung der Beschwerden mehrmals täglich gurgeln.

**Zubereitung:**

1. Zu je gleichen Teilen Rosen- und Kamillenblüten mit Salbei- und Pfefferminzblättern mischen.
2. Pro Tasse 1 gehäuften TL mit kochendem Wasser übergießen, 10 Minuten bedeckt ziehen lassen und abseihen.

## Rosen für die Frau

Der Duft der Rose spricht vor allem Frauen an und berührt sie in ihrem Innersten. Er schenkt Lebensfreude, Leichtigkeit und Sinnlichkeit. In Lebenskrisen wirkt die Rose entspannend, tröstend und beruhigend. Sie verleiht Zuversicht, stärkt das Selbstbewusstsein, löst Hemmungen und hilft beim Abgrenzen und Nein-Sagen. Bei vielen gesundheitlichen Themen der Frau ist die Rose erste Wahl:

- Depressive Verstimmung, nervöse Herzbeschwerden, Angst, Erschöpfung, Reizbarkeit, Schlafstörungen
- Kopfschmerzen
- Entzündungen im Mund- und Rachenraum, Herpes, Zahnfleischentzündungen
- Hormonelle Störungen vor und während der Menstruation
- Wechseljahresbeschwerden

So ist echtes Rosenöl seit Jahrtausenden eine hilfreiche, natürliche Medizin, die sowohl innerlich als auch äußerlich bei verschiedenen Frauenleiden eingesetzt wird.

Als Symbol der sinnlichen Vollkommenheit ist es keine Überraschung, dass die Rose seit jeher auch zu kosmetischen Zwecken eingesetzt wurde. Dabei geht es durchaus nicht nur um den betörenden Duft. Ihre Inhaltsstoffe fördern die Durchblutung und die Zellerneuerung der Haut. Deren Spannkraft wird erhöht, während Irritationen und Unreinheiten gemildert werden. Aber auch die Haare profitieren von einer entsprechenden Behandlung.

## ROSENTONIKUM

Dieses Tonikum wird, 1:1 mit Wasser verdünnt, zur Reinigung und Pflege der Haut verwendet, vor allem bei Juckreiz und Ekzemen. Es eignet sich aber auch hervorragend als Körperlotion.

**Zubereitung:**

1. 5 Handvoll frisch gepflückte Blütenblätter von Duftrosen mit 1 l kaltem Wasser übergießen.
2. Gut verschlossen 1 Woche an einen sonnigen Platz stellen. Jeden Tag schütteln!
3. Anschließend abgießen und 500 ml Weinessig hinzufügen.

## Rosengesichtsdampfbad

Ein solches Dampfbad für das Gesicht reinigt, beruhigt und glättet die Haut.

**Anwendung:**

1. 2 Handvoll Rosenblütenblätter mit 1 l heißem Wasser überbrühen.
2. Anschließend den Topf vom Herd nehmen und das Gesicht etwa 10 Minuten über den aufsteigenden Dampf halten.

# Rosenblütenbad

Die einfachste Variante, sich nach einem anstrengenden Tag diese wohltuende Entspannung zu gönnen, ist, dem Badewasser 1 bis 2 Handvoll frische oder getrocknete Duftrosenblütenblätter zuzugeben. Etwas edler, aber auch teurer wird es, wenn Sie ins eingelaufene Badewasser eine Mischung aus 3 Tropfen Rosenöl und 1 Becher Sahne geben. Jetzt fehlt nur noch eine kleine Handvoll Rosenblüten, Kerzen und schöne Musik und Sie fühlen sich wie einst Kleopatra.

# DUFTROSENSPRAY

Dieses Duftrosenspray kann sowohl zum Erfrischen und Beleben an heißen Tagen als auch bei Insektenstichen, Verbrennungen und Sonnenbrand verwendet werden. Zur Herstellung benötigen Sie:

**Zutaten:**

1 kleine Sprühflasche (40 ml)
35 ml Rosenwasser (siehe auch Seite 28 f.)
1 TL Weingeist (96 %)
4 Tropfen ätherisches Rosenöl

**Zubereitung:**

1. Das Rosenwasser, den Weingeist und das Rosenöl in die ausgespülte Sprühflasche füllen.
2. Die Flasche verschließen und schütteln.
3. 2 Tage durchziehen lassen. Das fertige Duftrosenspray hält ca. 1 Jahr.

Ob Vor-, Haupt- oder Nachspeise – nutzen Sie das zarte Aroma der Rosen zur Verfeinerung Ihrer Gerichte. Denn sie sind nicht nur ein Genuss für Auge und Nase, sondern auch ein Garant für einen Gaumenschmaus höchster Güte.

Für die Küche werden die Blüten vor dem Verarbeiten vom Stängel gezupft. Der weiße Blütenansatz schmeckt bitter und wird daher immer entfernt. Am einfachsten geht dies, indem man mit der Hand alle Blütenblätter auf einmal von der Blüte abdreht, festhält und dann mit einer sauberen (Nagel-)Schere den weißen Blattansatz aller Blütenblätter auf einmal abschneidet. Dann locker auf einem Tuch ausbreiten, damit Insekten verschwinden können (eventuell mit einem Pinsel nachhelfen). Die zarten Blüten werden in aller Regel nicht gewaschen!

## MENGENANGABEN

Beim Kochen halte ich Achtsamkeit, Wertschätzung für die Zutaten und Bauchgefühl für sehr wichtig. Deshalb habe ich bei den folgenden Rezepten mitunter auf eine exakte Mengenangabe verzichtet. So können Sie frei nach eigenem Geschmack experimentieren.

# Rosenwasser für die Küche

Bei „echtem“ Rosenwasser, das insbesondere in der Kosmetik zum Einsatz kommt, handelt es sich um ein Destillat, das bei der Rosenölgewinnung zurückbleibt. Für die Küche lässt sich Rosenwasser aber auch leicht selbst herstellen. Es eignet sich zum Aromatisieren von Salaten, Reis, Teigwaren und Süßspeisen. Aber auch Milch und Joghurt sowie Champagner, Apfel- und Orangensaft verleiht es eine besondere Note.

Ungeöffnet ist das Rosenwasser im Kühlschrank ca. 2 Wochen lagerfähig. Geöffnete Fläschchen sollten innerhalb von 2 bis 3 Tagen verbraucht werden. Rosenwasser kann sehr gut portionsweise eingefroren werden.

**Zutaten:**

100 g Duftrosenblütenblätter
1 l Wasser

**Zubereitung:**

1. Die Hälfte der Rosenblütenblätter in eine Schüssel geben. Das Wasser aufkochen und darübergießen. Etwa 1 Stunde ziehen lassen.
2. Das Rosenwasser abseihen und aufkochen.
3. Die restlichen Rosenblütenblätter in die Schüssel geben. Das kochende Rosenwasser darübergießen. Rund 1 Stunde ziehen lassen.
4. Das Rosenwasser abseihen, erneut aufkochen und in vorgewärmte Fläschchen füllen. Diese sofort verschließen.

## Rosenöl

Besonders kostbar und edel ist ätherisches Rosenöl (am besten aus der Apotheke). Das reine Rosenöl kann vielseitig und sparsam eingesetzt werden. Bereits 1 bis 2 Tropfen verleihen Ihren Speisen ein unvergleichliches Aroma.

## Rosenblütensirup

Dieser Sirup ist ein vielseitiges Süßungsmittel für Desserts und Obstsalate. Darüber hinaus lassen sich mit ihm herrliche Cocktails und Limonaden zubereiten. Kühl, trocken und dunkel gelagert, ist der Sirup einige Wochen haltbar.

## Zutaten:

1 l Wasser
1 kg Zucker
ca. 40 Rosenblüten (Kartoffelrosen)
2 unbehandelte Zitronen

## Zubereitung:

1. Das Wasser mit dem Zucker aufkochen und erkalten lassen.
2. Die von den weißen Blattansätzen befreiten Rosenblütenblätter in eine Schüssel geben, mit dem Wasser-Zucker-Gemisch übergießen.
3. Die Zitronen in Scheiben schneiden und ebenfalls zugeben.
4. Das Ganze zugedeckt 6 bis 7 Tage kaltstellen, jeden Tag umrühren.
5. Anschließend abseihen und in saubere, im Backofen getrocknete, noch heiße Flaschen füllen. Für eine längere Haltbarkeit den Sirup aufkochen und sofort in heiße Flaschen füllen.

# DUFTROSEN-ESSIG

Dieser Essig schmeckt besonders gut an Blattsalaten. Er sollte nach Möglichkeit kühl und dunkel aufbewahrt werden.

**Zutaten:**

5 Duftrosenblüten
750 ml weißer Balsamico-Essig
3 schwarze Pfefferkörner

**Zubereitung:**

1. Von den Rosenblüten den weißen Stielansatz entfernen. Die Blütenblätter und Pfefferkörner in eine saubere Flasche geben und mit dem Essig auffüllen.
2. An einem warmen Ort 3 Wochen ziehen lassen.
3. Danach abseihen und – gegebenenfalls zusammen mit einer frischen Rosenblüte – in ein geeignetes Glasgefäß füllen.

Je nach Geschmack können Sie die Duftrosenblüten auch mit 1 l Weißweinessig überbrühen. Die Ziehdauer beträgt dann 2 Wochen. Diese Variante kann auch verdünnt bei Halsweh zum Gurgeln verwendet werden (1 EL/Tasse warmes Wasser).

## Rosenessig für Feinschmecker

Probieren Sie doch auch einmal diese raffinierte Variante, die ebenfalls wunderbar zu Blattsalaten passt.

**Zutaten:**
1 Handvoll Rosenblüten
5 kleine Erdbeeren
1 Scheibe einer unbehandelten Zitrone
1 kleine Chilischote, getrocknet
150 ml Essigessenz
300 ml naturtrüber Apfelsaft
300 ml Wasser

**Zubereitung:**

1. Die Rosenblütenblätter verlesen und ungewaschen in ein weites Glas geben.
2. Die Erdbeeren waschen, in Scheiben schneiden, zu den Rosenblütenblättern geben.
3. Die Zitronenscheibe und die Chilischote hinzufügen.
4. Mit dem Saft-Wasser-Essig-Gemisch übergießen und 2 Wochen ziehen lassen. Danach abseihen.

# Rosenzucker

Diese Mischung verleiht Tee, Sahne und Süßspeisen ein liebliches Rosenaroma.

**Zutaten:**

3 Duftrosenblüten

100 g Zucker

**Zubereitung:**

1. Für den Blütenzucker die frischen Rosenblätter von den weißen Blattansätzen befreien und klein schneiden.
2. Die Blütenblätter mit dem Zucker vermischen, auf Backpapier verteilen und trocknen lassen. An der Luft dauert dies einige Tage. Alternativ können Sie den Rosenzucker auch im Dörrgerät oder Backofen bei maximal 40 °C (und leicht geöffneter Tür) trocknen.
3. Falls gewünscht, die Blütenblätter mit dem Nudelholz oder im Mörser zerkleinern und in ein dekoratives, gut verschließbares Glasgefäß füllen.

# Rosensalz

Rosensalz verfeinert eine Vielzahl von Speisen wie Fleisch-, Fisch- und Geflügelgerichte sowie Schalen- und Krustentiere. Auch Salate, Quark, Reisgerichte, Teigwaren, Gemüse und Kartoffeln erhalten ein exquisites Aroma.

## Zutaten:

30 frische Duftrosenblüten (rot)
500 g Ursteinsalz

## Zubereitung:

1. Die frischen Duftrosenblüten klein schneiden (die weißen Stielansätze vorher entfernen).
2. Die Rosenblätter zusammen mit dem Salz pürieren, bis das Salz die Farbe der Rosenblätter annimmt.
3. Das Rosensalz zum Trocknen auf Backpapier verteilen und so lange an der Luft stehen lassen, bis es völlig trocken ist. Alternativ kann es auch bei maximal 40 °C im Backofen oder im Dörrgerät getrocknet werden.
4. Falls nötig, mit dem Nudelholz zerkleinern und in Schraubgläser füllen. Kühl und dunkel aufbewahren.

# Indisches Rosengewürz

Diese Gewürzmischung eignet sich wunderbar für Currys, Salate, Suppen und Fladenbrote. Sie ist etwa 1 Jahr haltbar.

## Zutaten:

60 g Koriandersamen
40 g Kreuzkümmelsamen
20 g Anissamen
20 g Kardamomsamen
10 g Nelken
¼ Zimtstange
6 Safranfäden
40 g getrocknete Duftrosenblütenblätter
20 g getrocknete Pfefferminzblätter

## Zubereitung:

1. Die Gewürze auf einem Kuchenblech verteilen und im Backofen vorsichtig rösten. Den Röstvorgang überwachen, damit die Gewürze nicht verbrennen. Sobald sie stark duften, herausnehmen und auskühlen lassen.
2. Anschließend die Gewürze mit den Rosenblütenblättern und der Minze vermischen und fein mahlen.
3. Das Rosengewürz in einem Schraubverschluss lichtgeschützt aufbewahren!

# Rosenhonig

Dieser Honig schmeckt nicht nur hervorragend auf einem frischen Butterbrot, sondern ist, mit Mineralwasser verdünnt, auch ein nervenberuhigender Durststiller.

## Zutaten:

1 gut verschließbares Glasgefäß mit weitem Hals
Honig
Duftrosenblütenblätter

## Zubereitung:

1. Das Glasgefäß 2 cm hoch mit den Blütenblättern füllen und im Wechsel mit einer ebenso hohen Schicht Honig beträufeln, bis das Glas voll ist.
2. 4 Tage verschlossen stehen lassen, dann durch ein Sieb laufen lassen.
3. Innerhalb von 4 Wochen aufbrauchen oder auf 70 °C erwärmen und anschließend in sterile Gläser abfüllen.

# Rosenblütenbutter

**Zutaten:**

20 g Duftrosenblütenblätter
schwarze Pfefferkörner
200 g weiche Butter
etwas Abrieb und -saft einer unbehandelten Limette (alternativ Zitrone)
1–2 Tropfen ätherisches Rosenöl
feines Salz

**Zubereitung:**

1. Die Rosenblütenblätter vorbereiten: Den weißen Stielansatz entfernen, auf ein weißes Tuch geben und sorgfältig verlesen. Nicht waschen! Sehr fein schneiden.
2. Die Pfefferkörner hacken oder mahlen.
3. Die Butter schaumig rühren, den Limettensaft und -abrieb sowie das Rosenöl hinzugeben und mit Salz würzen.
4. Zuletzt die Rosenblättchen zufügen und alles gut verrühren.
5. Dekorativ anrichten und kalt stellen.

# Rosen-Frischkäse

Dieser Frischkäse passt hervorragend zu Pumpernickel, Vollkornbrot und Baguette, aber auch zu Blattsalaten.

**Zutaten für 4 Personen:**

250 g Frischkäse
Meersalz
Cayennepfeffer
etwas Abrieb einer unbehandelten Zitrone (alternativ Limette)
Kräuter nach Geschmack (zum Beispiel Kerbel, Estragon, Petersilie oder Dill)
3–4 Duftrosenblüten

## Tipp

Wer mag, kann den gekühlten Frischkäse zu Kugeln formen oder Nocken abstechen. Diese in den Rosenblättchen oder den fein geschnittenen Kräutern wälzen und sofort servieren.

## Zubereitung:

1. Den Frischkäse verrühren, mit Salz, Pfeffer und Zitronenabrieb würzen. Nach Belieben fein gehackte, frische Kräuter (1 EL) hinzufügen.
2. In einer schönen Glasschüssel dekorativ anrichten. Kalt stellen.
3. Die Rosenblütenblätter vorbereiten (Stielansatz entfernen und verlesen) und in feine Streifen schneiden. Kurz vor dem Servieren den Frischkäse mit den Rosenblütenblättern und einem Kräuterzweig dekorieren.

# Pasta mit Rosen-Pesto

**Zutaten für 4 Personen:**

400 g Pasta nach Wahl
1 EL Pinienkerne (alternativ Sonnenblumenkerne oder Walnüsse)
1 Knoblauchzehe
1 Handvoll Duftrosenblätter
1 Handvoll Basilikumblätter
100 ml Olivenöl
2 TL Rosenwasser (siehe Seite 28)
½ unbehandelte Zitrone oder Limette (Abrieb und Saft)
3 EL Parmesan, Bergkäse oder Pecorino
½ TL Salz
Pfeffer

**Zubereitung:**

1. Die Pinienkerne in einer Pfanne ohne Fett anrösten, abkühlen lassen und anschließend hacken oder reiben.
2. Die Knoblauchzehe abziehen und ebenfalls fein hacken.

3. Die Rosenblüten- und Basilikumblätter fein hacken.
4. Das Olivenöl, das Rosenwasser, den Zitronensaft und -abrieb und den Käse dazugeben, gut vermengen. Mit Salz und Pfeffer würzen und abschmecken.
5. Die Pasta nach Packungsanweisung kochen und sofort mit dem Rosen-Pesto vermengt servieren.

# Schweinefilet im Rosenmantel

**Zutaten für 4 Personen:**

1 Handvoll Duftrosenblütenblätter
3 EL Sonnenblumenöl
2 EL Petersilie (fein gehackt)
1 TL Indisches Rosengewürz (siehe Seite 38)
½ unbehandelte Zitrone (Abrieb und Saft)
500 g Schweinefilet
Salz, Pfeffer
Blätterteig, gut gekühlt
1 EL Butter
200 g Champignons (oder andere Pilze)
2 EL eingelegte rosa Pfefferkörner
1 Eigelb

**Zubereitung:**

1. Die Rosenblätter grob hacken und mit dem Öl fein pürieren.
2. Die Petersilie, das Rosengewürz und den Zitronensaft und -abrieb unterrühren.
3. Das Filet mit Salz und Pfeffer würzen, dann mit der Marinade einpinseln, im

Kühlschrank 30 Minuten ziehen lassen.

4. Den Blätterteig etwas größer als das Filet ausrollen.
5. Die Champignons putzen und grob hacken. Butter in einer Pfanne zerlassen und die Champignons kurz andünsten. Abkühlen lassen.
6. Den Backofen auf 200 °C vorheizen.
7. Die Champignons auf den Blätterteig geben, dabei genügend Rand frei lassen. Die Pfefferkörner darüberstreuen, dann das Filet darauflegen. Die Schmalseiten über das Filet einschlagen, in Längsrichtung aufrollen. Das Teigende gut andrücken. Das Filet mit dem Teigende nach unten auf das Blech legen. Mit dem verrührten Eigelb einpinseln. Den Teig mit einer Gabel mehrmals einstechen.
8. Das Filet rund 30 Minuten backen. Vor dem Aufschneiden im leicht geöffneten Ofen 10 Minuten ruhen lassen.

# Orientalischer Rosen-Duftreis

Der Rosen-Duftreis passt wunderbar zu Gemüse, Fleisch und Fisch.

**Zutaten für 4 Personen:**

200 ml Kokosmilch
300 ml Gemüsebrühe
1 Gewürznelke
1 Lorbeerblatt
1 Stück unbehandelte Zitronenschale
250 g Langkornreis
1 EL Rosenwasser (siehe Seite 28)
Salz
Muskatnuss
2 EL getrocknete, fein zerkrümelte Duftrosenblütenblätter

**Zubereitung:**

1. Die Kokosmilch, die Gemüsebrühe, die Nelke, das Lorbeerblatt, die Zitronenschale und den Reis aufkochen, auf der ausgeschalteten Wärmequelle zugedeckt

20 Minuten ausquellen lassen. (Gargrad prüfen!)

2. Den Reis mit einer Gabel lockern, mit Salz, Muskatnuss und dem Rosenwasser abschmecken. Die Rosenblütenblätter unterrühren.

# Blattsalat mit Rosenblüten

**Zutaten:**

beliebiger Blattsalat (Kopfsalat, Eichblattsalat, Lollo rosso, Friséesalat, Eisbergsalat)
Walnusskerne
2 Rosenblüten
6 EL Öl
4 EL Balsamico-Essig
1 TL scharfer Senf
2 TL Zitronensaft
Wasser
Salz
Honig/Zucker
nach Belieben Erdbeeren, Himbeeren, Johannisbeeren oder Granatapfelkerne

**Zubereitung:**

1. Den Salat vorbereiten, die Rosenblütenblätter in schmale Streifen schneiden.
2. Die Walnusskerne ohne Fett in einer Pfanne rösten und klein hacken.

3. Aus den übrigen Zutaten eine Marinade herstellen, über den Salat gießen und gut durchmischen.
4. Rosenblütenstreifen sowie eventuell Beeren und/oder weitere Walnuss- beziehungsweise Granatapfelkerne über den Salat streuen und servieren.

# Panna Cotta mit Rosenblüten

**Zutaten für 4 Personen:**

500 ml süße Sahne
50 g Zucker
1 Stück Vanilleschote
3 Rosenblüten
2 Blatt Gelatine
250 g Beeren (zum Beispiel Johannisbeeren, Erdbeeren, Himbeeren, Brombeeren)
50 ml Rosenblütensirup (siehe Seite 30)
2 EL Rosenblütenlikör (siehe Seite 63)
1 Duftrosenblüte zum Garnieren

## Zubereitung:

1. Die Sahne und den Zucker langsam erhitzen, das Mark der Vanilleschote zugeben und aufkochen.
2. Die vorbereiteten Rosenblätter (Stielansatz entfernt, verlesen und in schmale Streifen geschnitten) in die kochende Sahne geben. Vom Herd nehmen und 5 Minuten ziehen lassen.
3. Die Sahne pürieren (oder abseihen), dann die vorbereitete Gelatine einrühren und in der Sahne auflösen. Eventuell nochmals erhitzen.
4. Die Creme in Gläser (vorher kalt ausspülen) füllen und im Kühlschrank fest werden lassen.
5. Die Beeren vorbereiten, mit dem Sirup und dem Rosenblütenlikör marinieren. 1 bis 2 Stunden ziehen lassen.
6. Die Beeren auf der Panna Cotta verteilen und gegebenenfalls mit Rosenblütenblättern garnieren.

# Rosentrüffel

**Zutaten:**
100 g weiße oder dunkle Schokolade
1 EL Rosenwasser (siehe Seite 28)
1 Eigelb
80 g Butter
etwas Abrieb einer unbehandelten Limette
1 Prise Kardamom- und Zimtpulver
nach Belieben
1 Duftrosenblüte

## Zubereitung:

1. Die Schokolade zerkleinern und mit dem Rosenwasser im Wasserbad schmelzen. Das Eigelb unterrühren, leicht abkühlen lassen.
2. Die Butter schaumig schlagen und unter die abgekühlte Schokoladenmasse rühren.
3. Die Masse in den Kühlschrank stellen bis sie formbar ist. Aus der Schokoladenmasse kleine Kugeln formen, nach Belieben mit Kardamom und Zimt sparsam bestreuen und bis zum Servieren in den Kühlschrank stellen.
4. Die Rosenblütenblätter wie gewohnt vorbereiten und in feine Streifen schneiden. Die Trüffel kurz vor dem Servieren in den Rosenblütenstreifen wenden. Innerhalb kurzer Zeit genießen!

# Sommerkekse mit Blütenzucker

## Zutaten:

250 g Mehl
250 g Butter
150 g Zucker
250 g gemahlene Mandeln
1 Ei

## Zubereitung:

1. Aus den Zutaten einen Mürbeteig herstellen, 3 cm dicke Rollen formen und kalt stellen.
2. Die Teigrollen in 5 mm dicke Scheiben schneiden und diese auf ein gefettetes Backblech legen. Goldgelb backen!
3. Die erkalteten Kekse mit Rosenzucker (siehe Seite 35) bestreuen.

# Rosengelee

**Zutaten:**

2 Handvoll Rosenblütenblätter
1 l Wasser (oder Wein-Gemisch)
1 Zitrone (Saft)
1 kg Gelierzucker (1:1)

**Zubereitung:**

1. Die Rosenblütenblätter mit der Flüssigkeit aufkochen.
2. Mit einem Tuch abdecken und über Nacht ziehen lassen.
3. Abseihen, den Zitronensaft und den Gelierzucker zufügen und zum Kochen bringen. Nach Packungsanweisung kochen und in Gläser füllen.

# Rosen-Chutney

Schmeckt pur mit Weißbrot genauso gut wie zu Käse, zartem Fleisch oder Fisch.

**Zutaten für 4 Gläser (250 ml):**

25 Duftrosenblüten
1 reife Mango
250 g Aprikosen
15 g Ingwer
½ rote Chilischote
¼ Vanilleschote
1 Msp. Zimt
1 unbehandelte Limette (Saft und Abrieb)
500 g Gelierzucker (1:1)

**Zubereitung:**

1. Die Rosenblätter vom weißen Stielansatz entfernen und fein schneiden.
2. Die Mango schälen und in kleine Würfel schneiden.
3. Die gewaschenen Aprikosen halbieren, das Fruchtfleisch ebenfalls in kleine Würfel schneiden.
4. Den Ingwer waschen, holzige Stellen abschaben und ganz fein hacken. Die Chilischote waschen und mit den Kernen ebenfalls sehr fein hacken. Die Vanilleschote aufschlitzen und das Mark herauskratzen. Die Limettenschale abreiben, anschließend die Frucht auspressen.
5. Alle Zutaten in einen Topf geben und unter Rühren aufkochen. Nach Packungsanleitung kochen lassen, sofort in saubere Schraubgläser füllen und verschließen. 5 Minuten auf den Deckel stellen, damit sich die Gläser luftdicht verschließen. Danach umdrehen, erkalten lassen und beschriften.

# Rosenbowle

Bowlen liegen nach wie vor im Trend und mit dieser holen Sie sich den Sommer ins Haus!

**Zutaten:**

1 kleine Schüssel Rosenblüten (Heckenrosenblüten oder andere Duftrosen)
1 Bund Zitronenmelisse (Blätter)
3 Flaschen Weißwein (je 0,75 l)
1 Flasche Sekt (0,75 l)

**Zubereitung:**

1. Die von Ansätzen befreiten Rosenblütenblätter und die Zitronenmelisse in eine Schüssel geben, mit dem Puderzucker bestreuen.
2. 1 Flasche Weißwein darübergießen, 30 Minuten ziehen lassen, dann absieben. Die Flüssigkeit in ein Bowlengefäß gießen und mit dem übrigen gekühlten Weißwein auffüllen.

3. Vor dem Servieren den Sekt zugeben und die Bowle mit frischen Rosenblütenblättern bestreuen.
4. Für noch mehr Frische nach Geschmack Zitronenscheiben zufügen.

# Wildrosenbowle (alkoholfrei)

**Zutaten:**

2 Handvoll Kartoffelrosenblüten
500 ml roter Traubensaft
1 Flasche Mineralwasser
1–2 unbehandelte Zitronen

**Zubereitung:**

1. Die Rosenblütenblätter vorbereiten (Stielansatz entfernen) und in das Bowlegefäß geben.
2. Den Traubensaft darübergießen und 3 Stunden zugedeckt ziehen lassen. Mit dem gekühlten Mineralwasser auffüllen.
3. In jedes Glas eine Zitronenscheibe geben und mit Wildrosenbowle auffüllen.
4. Nach Geschmack mit Minze oder Zitronenmelisse garnieren.

# Rosenblütenlikör

## Zutaten:

120 g Rosenblütenblätter
200 g Zucker (Rohrzucker/
Kandiszucker)
½ Vanillestange
700 ml Wodka

## Zubereitung:

1. Die Rosenblüten morgens nach dem Tau ernten, die Stielansätze entfernen.
2. Die Blütenblätter mit dem Zucker und der Vanillestange in ein großes Gefäß geben, mit dem Wodka auffüllen und gut verschließen.
3. 5 Wochen an einem warmen Ort stehen lassen. Täglich schütteln.
4. Danach den Rosenlikör abfiltern und in dekorative Flaschen füllen.
5. 2 Monate an einem kühlen Ort reifen lassen.

Genehmigte Lizenzausgabe
tosa GmbH
Industriestraße 19
64407 Fränkisch-Crumbach 2022
www.tosa-verlag.de

Idee und Projektleitung: Sonja Sammüller
Layout, Satz und Umschlaggestaltung:
design cat GmbH

ISBN 978-3-86313-087-9

Druck und Bindung in der EU
POLYGRAF PRINT spol. s r. o.
Čapajevova 44
08001 Prešov, Slowakei
www.polygrafprint.sk



**Bildnachweis:**
Shutterstock: 2jenn 2; 1981 Rustic Studio kan 22; Africa Studio 32; Africa Studio 34; aleksa__ch U2; andregric 39; arigato 13, 17, 21, 27, 29, 42; Bernd Juergens 46; biDaala studio 40; bioraven 2–93; Chursina Viktoriia 39; Dn Br 2–63; DronG 49; fetrinka 57; freya-photographer 12; Goami 61; Gulsina 28; Halil ibrahim mescioglu 18; hobitnjak 16; IrinaPhVideo 54; isak55 9; Iva Vagnerova 10; Julie208 36; Kara Gebhardt 8; Kasabutskaya Nataliya 31;Lisla Cover, 3, 5, 7, 9, 10, 12, 14, 16, 22, 26; M.Khebra_14; MADDRAT 2–4; MaraZe 58; Marta Teron 6; Maryna Osadcha 19; mirzamlk 30; nelea33 52;New Africa 25; New Africa 62; Nicoleta Raftu 56; Peredniankina 26; Rostovtsevayu 15; Serhii Brovko Cover, 1, 4; Shootdiem 51; stockcreations 41; Tatiana Vorona 43; Wiktory_shutterstock 63; Wild Drago 20; worradirek 24; Xenia Snowstorm 11; Yulia Furman 7; Zaira Zarotti 45